Bywyd Bob Dydd yng Nghymru yn Oes y Tywysogion

Catrin Stevens

Ffeithiau Diddorol i'r Disgybl

© Prifysgol Aberystwyth 2009 ⓑ

Cyhoeddwyd gan CAA, Prifysgol Aberystwyth, Yr Hen Goleg, Stryd y Brenin, Aberystwyth, SY23 2AX (http://www.caa.aber.ac.uk).

Noddwyd gan Lywodraeth Cynulliad Cymru.

ISBN 978-1-84521-342-8

Mae hawlfraint ar y deunyddiau hyn ac ni ellir eu hatgynhyrchu na'u cyhoeddi heb ganiatâd perchennog yr hawlfraint.

Golygydd: Gwenda Lloyd Wallace
Dylunydd: Richard Huw Pritchard
Arlunydd: Robin Lawrie
Argraffwyr: Argraffwyr Cambria

Cedwir pob hawl.

Cydnabyddiaethau
Diolch i'r canlynol am ganiatâd i atgynhyrchu deunyddiau yn y gyfrol hon:

Ffotograffau
Cadw, Llywodraeth Cynulliad Cymru (Hawlfraint y Goron): t. 6(ch), 10(c), 24(c), 28(t & g), 29(c & g,ch)
Ifor Davies, olew a phigment rhydd ar sachlen, 130 x 150 cm: t. 6(d)
Graham Howells o *Hanes Atgas: Yr Oesoedd Canol Cythryblus*, Catrin Stevens, Gomer, 2005: t. 7(t,ch)
Trwy ganiatâd Llyfrgell Genedlaethol Cymru: t. 8, 12(g), 13, 18(t), 21(t,ch), 23(g,ch)
Trwy garedigrwydd yr Ymddiriedolaeth Genedlaethol: t. 9(t)
Sain Ffagan: Amgueddfa Werin Cymru: t. 9(g,ch), 30(t,d)
Trwy garedigrwydd Llyfrgell Genedlaethol Iwerddon (MS 700 f.36r): t. 9(g,d)
© Amgueddfa Ceredigion: t. 10(g)
Ymddiriedolwyr Castell Aberteifi: t. 11(t,ch)
Y *Tivy-Side*: t. 11(t,d)
Catrin Stevens: t. 11(g)
Cyngor Caerdydd: t. 14(t)
Amgueddfa Caerfyrddin: t. 14(g,d)
© Bwrdd y Llyfrgell Brydeinig: t. 14(g,ch) (Royal 13 B. VIII, f.23), 20 (Add. 42130, f.63), 25(t) (Add 28162, f.10v)
Gwenda Lloyd Wallace: t. 15, 28(c,d), 31(c,ch)
Cadw, Llywodraeth Cynulliad Cymru (Hawlfraint y Goron)/Chris Jones-Jenkins: t. 16(t)
Ymddiriedolaeth Archaeolegol Gwynedd: t. 16(ch)
Cadw, Llywodraeth Cynulliad Cymru (Hawlfraint y Goron)/Roger Jones: t. 16(g,d)
Gwenda Lloyd Wallace/Sain Ffagan: Amgueddfa Werin Cymru: t. 17(t)
Cyngor Bro Morgannwg, gyda diolch i Bentref Canoloesol Cosmeston: t. 17(g), 30(t,ch & g,d)
© Rheinisches LandesMuseum, Bonn: t. 18(g)
Llyfrgell Bodley, Prifysgol Rhydychen: t. 19(t) (MS. Bodl. 764, f.41v), 19(g) (MS. Douce 135, f.96v), 23(t,ch) (MS. Bodl. 264 f.83v), 26(t) (MS. Douce 366, f.109r, manylyn, godre), 26(g) (MS. Bodl. 264, f.82v), 27(t) (MS Bodl. 264, f.130v), 27(c) (MS. Douce 276, f.124v)
Biblioteca Nazionale Marciana, Venezia/Foto Toso: t. 19(c) (Breviario Grimani, f.13r: Mese di Dicembre)
Yr Archifdy Gwladol: t. 21(t,d) (E36/274)
© Amgueddfa Llundain/Museum of London: t. 21(g,d)
Amgueddfa Genedlaethol Cymru: t. 21(g,ch), 22, 23(t,d), 27(g)
Cadw, Llywodraeth Cynulliad Cymru (Hawlfraint y Goron)/Ivan Lapper: t. 24(t)
Gwenda Lloyd Wallace, gyda chaniatâd yr Hybarch Hywel Jones, Archddiacon Ceredigion: t. 24(g), 29(g,d)
Margaret Jones: t. 25(g)
Cadw, Llywodraeth Cynulliad Cymru (Hawlfraint y Goron)/Geraint Derbyshire: t. 28(c,ch)
© Hawlfraint y Goron: Comisiwn Brenhinol Henebion Cymru: t. 30(g,ch)
Jane Kimberley: t. 31(t)
David Williams: t. 31(g,ch)
Lluniau Llwyfan: t. 31(g,d)
Ifor Davies: t. 31(c,d)

Dyfyniadau
Jones, T. (1952) *Brut y Tywysogion or Chronicle of the Princes: Peniarth MS 20*, Gwasg Prifysgol Cymru: t. 8 (addasiad)
Thomas, G. (1984) *Y Mabinogi: cyfaddasiad newydd*, Gwasg Prifysgol Cymru, t. 11: t. 20(c)
William, A. Rh. (1960) *Llyfr Iorwerth*, Gwasg Prifysgol Cymru, t. 16: t. 20(g) (addasiad)
(2007) *Prosiect Beirdd yr Uchelwyr/The Poets of the Nobility Project*, Canolfan Uwchefrydiau Cymreig a Cheltaidd Prifysgol Cymru: t. 24
Gruffydd, R. G. (golygydd) (1994) *Gwaith Llywelyn Fardd I ac Eraill o Feirdd y Ddeuddegfed Ganrif, Cyfres Beirdd y Tywysogion II*, Gwasg Prifysgol Cymru: t. 25

Gwnaethpwyd pob ymdrech i olrhain a chydnabod deiliaid hawlfraint. Bydd y cyhoeddwyr yn falch o wneud trefniadau addas gydag unrhyw ddeiliaid na lwyddwyd i gysylltu â hwy.

Diolch i Julie Elliott, Gillian Hopkins, Nia Huw, Carol James ac Indeg Williams am eu harweiniad gwerthfawr.

Diolch i'r ysgolion canlynol am gymryd rhan yn y broses dreialu:

Ysgol Gynradd Dolwyddelan, Dolwyddelan
Lamphey Primary School, Llandyfái
Pentre School, Y Waun
Ysgol y Gorlan, Tremadog

Mae fersiwn Saesneg o'r pecyn hwn ar gael hefyd, sef *Everyday Life in Wales in the Age of the Princes*.

Cynnwys

Sut wlad oedd Cymru yn 1176? 4

Pwy oedd pwy? 6

Sut ydyn ni'n gwybod?
Fu yna eisteddfod go iawn yn Aberteifi yn 1176 ? 8

Sut ydyn ni'n gwybod? Cestyll Dinefwr ac Aberteifi 10

Sut ydyn ni'n gwybod? Cyfreithiau'r Llys 12

Sut ydyn ni'n gwybod? Gerallt Gymro, y storïwr gwych 14

Ble oedden nhw'n byw? 16

Beth oedden nhw'n ei wneud? Gwaith, gwaith, gwaith 18

Beth oedden nhw'n ei wisgo? 20

Beth oedden nhw'n ei fwyta? 22

Sut oedden nhw'n dathlu? 24

Sut fywyd oedd plant a phobl ifanc yn ei gael yng Nghymru yn yr Oesoedd Canol? 26

Sut gewch chi ragor o wybodaeth?
Yr Oesoedd Canol yn eich ardal chi 28

Ble gewch chi ragor o wybodaeth?
Rhagor o olion yr Oesoedd Canol yng Nghymru 30

Gwefannau a Geirfa 32

Sut wlad oedd Cymru yn 1176?

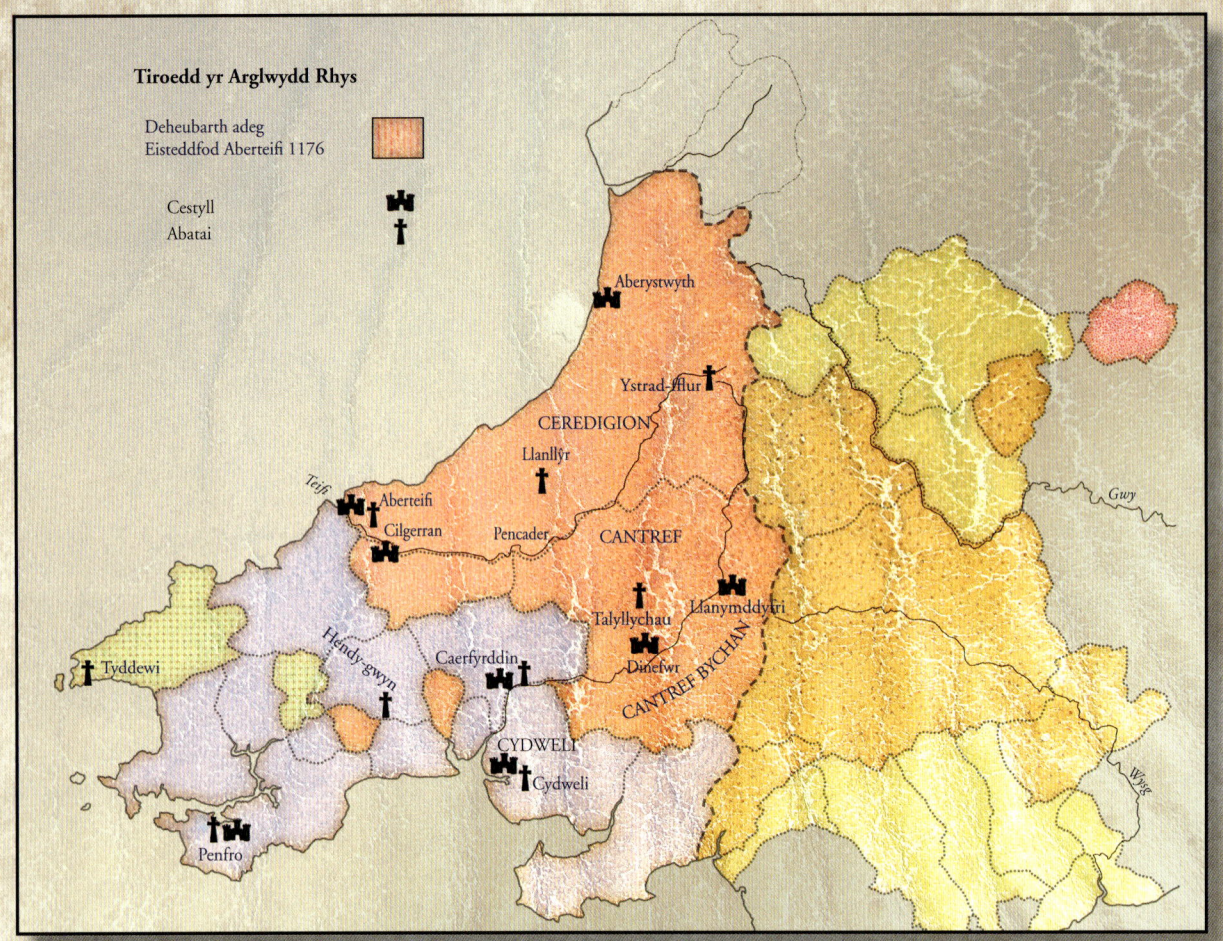

Roedd Cymru yn wlad gyffrous yn 1176. Roedd hi'n newid o ddydd i ddydd. Ganrif yn gynharach, roedd hi wedi bod yn glytwaith o deyrnasoedd bychain, gyda rhai, fel Gwynedd yn y gogledd, Powys yn y canolbarth, Deheubarth yn y de-orllewin a Morgannwg yn y de-ddwyrain, yn tra-arglwyddiaethu ar y gweddill. Roedd brenhinoedd a thywysogion y teyrnasoedd hyn yn ymladd yn erbyn ei gilydd o hyd ac o hyd am fwy o dir a chyfoeth.

Yn y cyfnod hwn hefyd, roedd gan Gymru ei chyfreithiau ei hun a'i hiaith ei hun, sef y Gymraeg, ac roedd pawb yn ei siarad. Roedd mwyafrif y bobl yn byw trwy ffermio a chadw anifeiliaid. Roedd llawer mwy o goed yn y wlad na heddiw, ac roedd teithio dros y tir yn beryglus oherwydd lladron a lladron pen-ffordd; roedd hi'n haws teithio ar y môr.

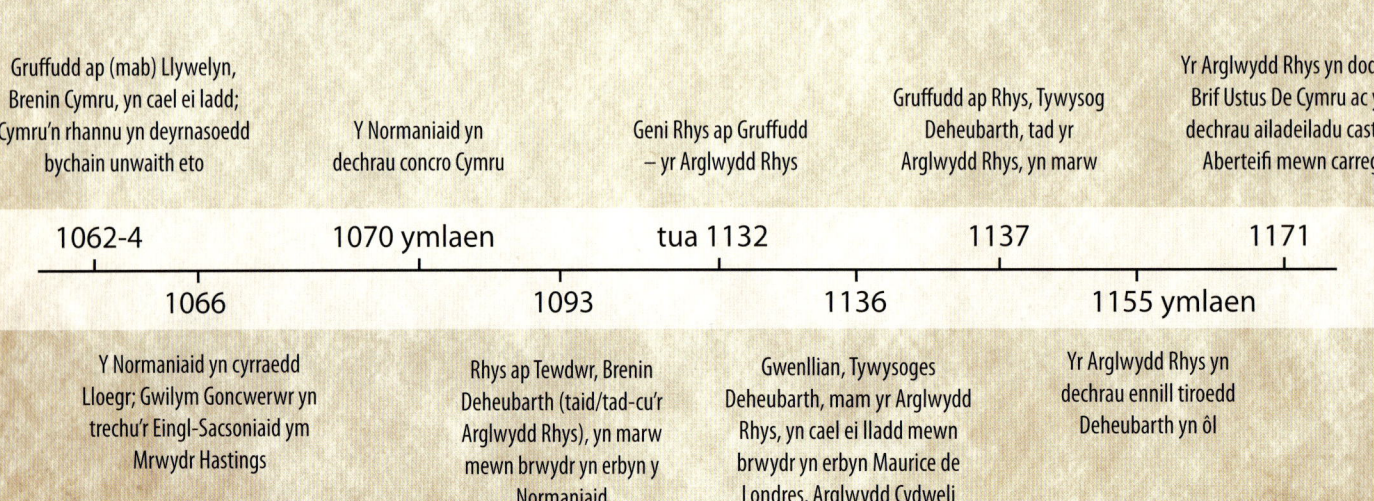

Yna, o tua 1070 ymlaen, dechreuodd y Normaniaid gyrraedd Cymru a'i choncro hi ddarn wrth ddarn. Roedd y marchogion Normanaidd yn ymladd ar gefn ceffylau mewn arfwisgoedd trwm, ac roedden nhw'n adeiladu cestyll i amddiffyn eu tiroedd. O gwmpas y cestyll hyn, roedden nhw'n codi trefi i fasnachu, ac ar y tiroedd gwastad ffrwythlon roedden nhw'n sefydlu maenorau lle roedd bileiniaid yr arglwyddi yn ffermio'r tir mewn stribedi hir. Daeth y Normaniaid â llawer o syniadau newydd gyda nhw i Gymru.

Roedd hyn yn her fawr i'r Cymry. Wrth gwrs, roedd y Cymry a'r Normaniaid yn ymladd llawer yn erbyn ei gilydd, ond roedd yna gyfnodau o heddwch a chydweithio hefyd.

Yn ne-orllewin Cymru, roedd yr Arglwydd Rhys o Ddeheubarth yn amddiffyn ei diroedd rhag y Normaniaid. Roedd e'n ymosod ar eu cestyll newydd ac yn ysbeilio'u bwrdeistrefi. Ond erbyn 1171, roedd yr Arglwydd Rhys a Brenin Lloegr, Harri II, wedi cytuno i fyw mewn heddwch. Sylweddolodd yr Arglwydd Rhys fod rhai o syniadau'r Normaniaid yn werth eu copïo a dechreuodd godi cestyll tebyg. Efallai, hyd yn oed, mai gŵyl debyg i ŵyl gerddoriaeth a barddoniaeth Norman-Ffrengig o'r enw *puy* oedd gŵyl fawr Nadolig 1176.

Bu'r Arglwydd Rhys yn arweinydd gwych ar ei bobl tan iddo farw yn 1197.

Sawl iaith allech chi fod wedi'i chlywed yn Aberteifi yn 1176?

Cymraeg: iaith y Cymry

Ffrangeg-Normanaidd: iaith yr arglwyddi Normanaidd a'u teuluoedd

Saesneg: iaith yr Eingl-Sacsoniaid a gafodd eu symud i fyw i'r dref Normanaidd

Gwyddeleg: iaith masnachwyr o Iwerddon

Fflemeg: iaith y Ffleminiaid o'r Iseldiroedd a gafodd eu symud i ffermio'r tiroedd o gwmpas Rhos yn Sir Benfro tua 1107

Daneg: iaith masnachwyr o Ddulyn, lle roedd Llychlynwyr wedi ymgartrefu

Lladin: iaith yr eglwys

Pwy oedd pwy?

Roedd rhai o'r cymeriadau yn *Wythnos ym Mywyd Nest*, fel yr Arglwydd Rhys a'i deulu, yn bobl real, go iawn. Roedd eraill, fel Nest y llawforwyn, yn bobl ddychmygol a allai fod wedi byw yn 1176.

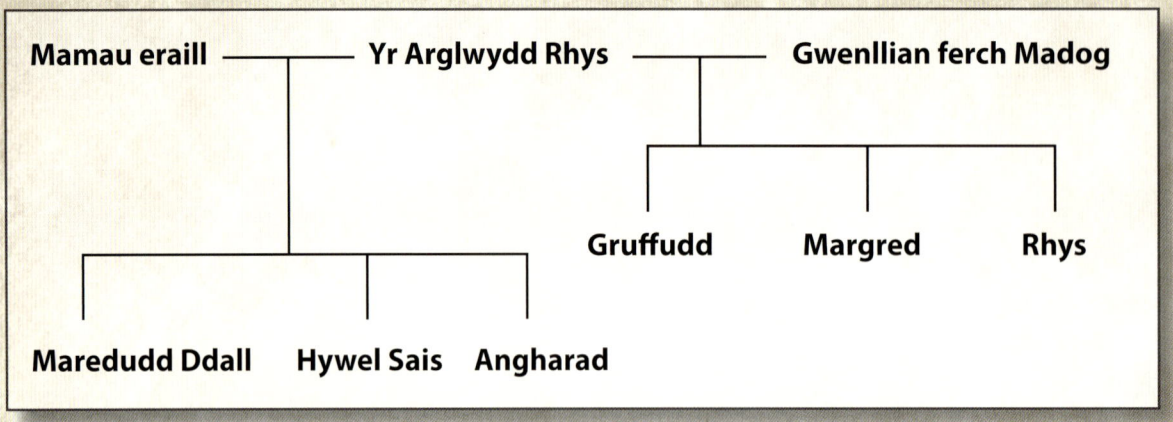

Yr Arglwydd Rhys ap Gruffudd, Tywysog Deheubarth (tua 1132-1197)

Mae'n bosibl mai dyma garreg fedd yr Arglwydd Rhys yn Eglwys Gadeiriol Tyddewi

Collodd Rhys ei ddau riant, Gruffudd a Gwenllian, a sawl brawd, mewn brwydrau yn erbyn y Normaniaid. Treuliodd lawer o flynyddoedd yn ennill ei diroedd yn ôl, ond erbyn 1171, roedd Harri II, brenin Lloegr, yn ei gydnabod yn Brif Ustus De Cymru.

Roedd Rhys yn filwr dewr, ac roedd hefyd yn dywysog hael ac ysbrydoledig. Roedd e'n caru arferion y Cymry ond roedd e'n barod hefyd i dderbyn syniadau newydd y Normaniaid.

Yr Arglwydd Rhys

Paentiad o'r Arglwydd Rhys gan yr arlunydd Ifor Davies ar gyfer y rhaglen deledu Tywysogion *gan S4C*

Yr Arglwyddes Gwenllian, merch Madog, Tywysog Powys (dim dyddiadau)

Dydyn ni ddim yn gwybod llawer am Gwenllian ar wahân i un stori, sy'n sôn amdani yn rhwystro'r Arglwydd Rhys rhag ymuno â'r Groesgad i ennill Jerwsalem yn ôl oddi wrth y Moslemiaid. Mae'n rhaid ei bod hi'n gymeriad cryf!

Maredudd Ddall (marw 1239?)

Yn 1165, casglodd y Brenin Harri II fyddin enfawr i ymosod ar Gymru. Ymunodd tywysogion Gwynedd a Phowys a'r Arglwydd Rhys o Ddeheubarth â'i gilydd i amddiffyn eu gwlad. Ond cyn y frwydr ar fynyddoedd y Berwyn, bu storm fawr, a chafodd Harri a'i fyddin eu sgubo'n ôl i Loegr. Roedd Harri mor ddig nes iddo ddial ar y Cymry trwy ddallu 30 gwystl. Roedd Maredudd ap Rhys yn un ohonyn nhw. Treuliodd weddill ei fywyd yn fynach yn Abaty'r Tŷ Gwyn.

Margred (dim dyddiadau)

Oherwydd mai merch oedd hi, dydyn ni ddim yn gwybod unrhyw beth am Margred, ond efallai ei bod hi wedi priodi aelod o deulu brenhinol Powys.

Hywel Sais (bu farw 1204)

Mae'n debyg fod Hywel yn cael ei alw'n 'Sais' am ei fod wedi treulio llawer o flynyddoedd yn wystl yn llys brenin Lloegr ac wedi dysgu siarad Saesneg a Ffrangeg, iaith y Normaniaid ar y pryd. Yna, yn 1173, anfonwyd Hywel i Ffrainc gan yr Arglwydd Rhys i ymladd gyda byddin Harri. Efallai mai syniad Hywel oedd cynnal gŵyl i gerddorion a beirdd yn Aberteifi yn 1176, fel y *puy* Ffrengig.

Sut ydyn ni'n gwybod?
Fu yna eisteddfod go iawn yn Aberteifi yn 1176?

Cafodd awdur *Wythnos ym mywyd Nest* hyd i'r ffeithiau pwysig am wledd fawr yr Arglwydd Rhys yng nghastell Aberteifi mewn hen lawysgrif Gymraeg o'r enw *Brut y Tywysogion*. Mae'n debyg iddi gael ei hysgrifennu gan fynaich yn abatai'r Tŷ Gwyn ac Ystrad-fflur.

1176: 'Ar ddydd Nadolig y flwyddyn honno, cynhaliodd yr Arglwydd Rhys ap Gruffudd lys ardderchog yng nghastell Aberteifi. A gosododd ddwy gystadleuaeth – un rhwng beirdd ac un arall rhwng telynorion, crythorion a phibyddion. A gosododd e ddwy gadair i'r enillwyr ac anrhydeddodd hwy â llawer o roddion. Ac o'r telynorion, gwas ifanc o lys Rhys enillodd, ac o'r beirdd, rhai o Wynedd oedd yn fuddugol. A chafodd y wledd honno ei chyhoeddi am flwyddyn cyn hynny trwy Gymru i gyd, a Lloegr a'r Alban ac Iwerddon a'r ynysoedd eraill.'

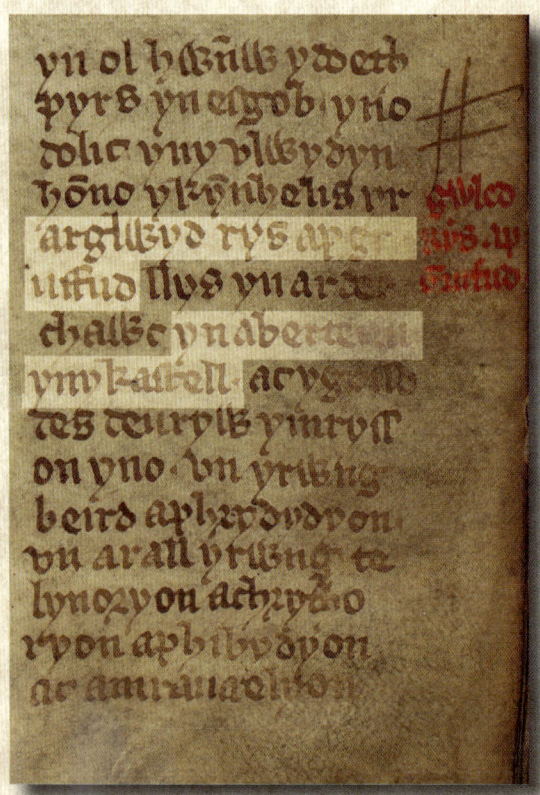

Y rhan o Brut y Tywysogion *sy'n cyfeirio at y wledd*

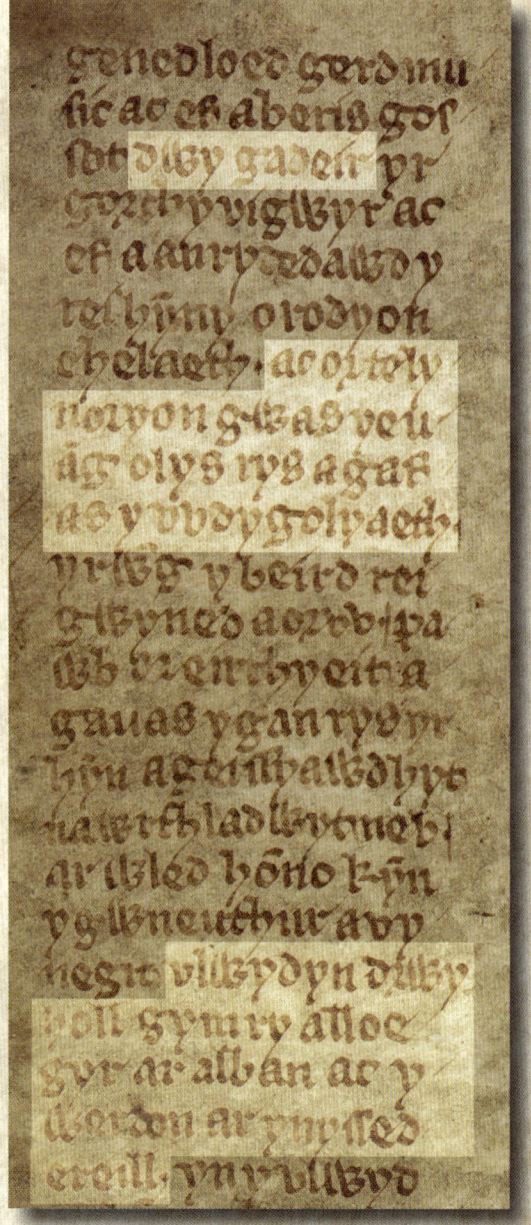

Mae fersiwn arall o'r llawysgrif hon yn ychwanegu gwybodaeth ddiddorol – sef mai'r telynor gorau oedd mab Eilon, y crythor.

Sylwch: Dydy'r disgrifiadau yma ddim yn galw'r wledd Nadolig hon yn 'eisteddfod', ond mae haneswyr heddiw yn tueddu i feddwl mai hon oedd yr eisteddfod gyntaf yn hanes Cymru.

Cafodd eisteddfodau eraill eu cynnal yn ddiweddarach yn yr Oesoedd Canol – yng Nghaerfyrddin tua 1450 ac yng Nghaerwys yn 1523 ac 1567. Eu nod oedd codi safon barddoniaeth a cherddoriaeth yng Nghymru.

Beth ydyn ni'n ei wybod am offerynnau cerdd yr Oesoedd Canol?

Y prif offerynnau cerdd sy'n cael eu henwi ydy'r delyn, y crwth a'r pibau. Yn aml, câi'r crwth a'r delyn eu canu i gyfeilio i adroddwr yn adrodd barddoniaeth. Efallai bod pibyddion yn canu fersiynau Cymreig o'r bagbibau neu'r pibgorn.

Roedd y panel pren cerfiedig hwn, sy bellach mewn tŷ o'r enw Cotehele House yng Nghernyw, Lloegr, yn dod o Gymru'n wreiddiol, mae'n debyg. Mae'n dangos crythor (ar y chwith) a thelynor. Roedd y crwth yn cael ei chwarae gyda bwa, ond yn anffodus, mae llaw y crythor a'r bwa wedi'u torri i ffwrdd. Fel y gwelwn, offeryn bychan, ysgafn oedd y delyn Gymreig gynnar.

Crwth y Foelas sydd i'w weld yn Amgueddfa Werin Cymru, Sain Ffagan

Telynor Gwyddelig o lawysgrif o'r 12ed ganrif

Sut ydyn ni'n gwybod?
Cestyll Dinefwr ac Aberteifi

Yn y stori, mae'r Arglwydd Rhys a'i deulu yn teithio o'u cartref brenhinol traddodiadol yng nghastell Dinefwr i dreulio'r Nadolig yn eu castell carreg newydd, ysblennydd yn Aberteifi.

Y siwrnai o Ddinefwr i Aberteifi

Edrychwch ar y darlun hwn o gastell Dinefwr tua 1980. Roedd eiddew a chwyn eraill yn gorchuddio'r waliau a'r tyrau. Yna, aeth Cadw ati i'w warchod. Heddiw, mae castell Dinefwr yn denu llawer o ymwelwyr.

Mae'n hawdd deall pam y cododd tywysogion Deheubarth eu prif gastell a'u llys brenhinol yn Ninefwr, fry uwchben afon Tywi.

Castell Dinefwr cyn ei adnewyddu

Castell Dinefwr heddiw

Castell Aberteifi yn y 18ed ganrif

Mae hanes castell Aberteifi yn wahanol iawn. Mae'n debyg bod y castell pren a phridd cyntaf wedi cael ei godi i amddiffyn aber afon Teifi gan yr Arglwydd Normanaidd, Roger de Montgomery, yn 1093. Saith deg mlynedd yn ddiweddarach, trwy dwyll offeiriad o Gymro o'r enw Rhigyfarch, llwyddodd yr Arglwydd Rhys i goncro'r castell, ac yn 1171 dechreuodd ei ailadeiladu mewn carreg. Mae'n debyg bod gwledd fawr Nadolig 1176 wedi cael ei threfnu i ddathlu gorffen y gwaith adeiladu mawr hwn. Ar ôl i Rhys farw, gwerthodd ei fab, Maelgwn, y castell pwysig hwn i John, Brenin Lloegr.

Ond erbyn heddiw, mae giatiau'r castell wedi'u cloi a'r tir wedi tyfu'n wyllt. Allwn ni ddim ond dychmygu sut y byddai wedi ymddangos i ymwelwyr 1176. Ble oedd y neuadd fawr, y ceginau a'r capel? Ond gallwn weld olion tŷ bach!

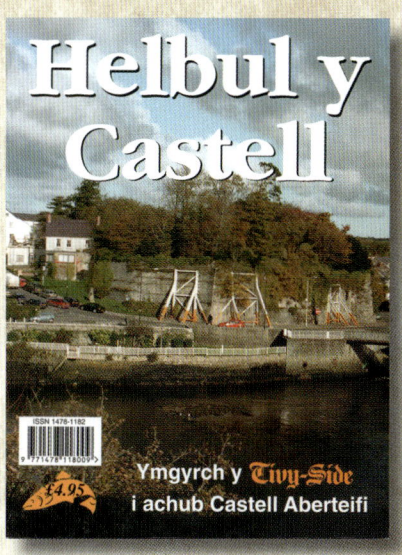

Tŷ bach yng nghastell Aberteifi!

Gan ei fod mewn cyflwr mor wael, cafodd castell Aberteifi ei ddewis fel un o'r adeiladau i'w 'hachub' gan y rhaglen deledu *Restoration* yn 2004. Er na lwyddodd y castell i ennill y wobr gyntaf fawr o £1 miliwn yn y gystadleuaeth hon, penderfynodd grŵp o bobl leol, dan arweiniad y *Tivy-Side*, y papur newydd lleol, barhau i frwydro i achub ac adfer y safle hanesyddol pwysig hwn.

Castell Aberteifi heddiw

Llywodraeth Cynulliad Cymru
Welsh Assembly Government

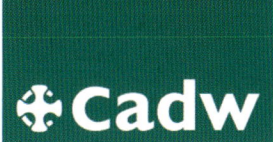

Cafodd Cadw ei sefydlu yn 1984 i warchod adeiladau hanesyddol Cymru.

Sut ydyn ni'n gwybod?
Cyfreithiau'r Llys

Mae'r hen Gyfreithiau Cymreig, sy'n dyddio'n ôl i gyfnod y Brenin Hywel Dda tua 940, yn dweud llawer wrthym am y swyddogion oedd yn gweithio mewn llys brenhinol. Yn llys yr Arglwydd Rhys, tua 250 o flynyddoedd yn ddiweddarach, mae'n debyg y byddai 24 swyddog wedi bod yno – 16 yn gwasanaethu'r brenin ac 8 yn gwasanaethu'r frenhines.

Dyma rai o'r rhai rydyn ni'n cwrdd â nhw yn y stori:

Offeiriad
Yr offeiriad oedd yr ail swyddog pwysicaf yn y llys, ar ôl y penteulu. Roedd yn rhaid iddo aros gyda'r brenin bob amser, ac fe fyddai'n derbyn tâl gan y brenin yn ystod tair prif wledd y flwyddyn.

Gwas ystafell
Y seithfed pwysicaf oedd y gwas ystafell. Ei waith oedd gofalu am ystafell wely'r brenin. Roedd yn rhaid iddo wneud y gwely a chario negeseuon rhwng y neuadd a'r ystafell wely. Fel rhan o'i dâl, câi hen ddillad gwely'r brenin!

Gostegwr
Y gostegwr oedd y nawfed swyddog pwysicaf yn neuadd y brenin. Byddai'n galw am dawelwch trwy daro'r postyn yn galed. Byddai'n edrych ar ôl nwyddau a dodrefn y brenin.

Llawforwyn
Yn llys y frenhines, y llawforwyn oedd y pumed swyddog pwysicaf. Byddai'n cysgu yn ystafell wely'r frenhines fel y gallai glywed sylw lleiaf un y frenhines.

Distain
Y distain oedd y trydydd swyddog pwysicaf. Roedd yn gyfrifol am ofalu am fwyd a diod yr holl lys.

Cogydd
Swyddog pwysig arall, yn enwedig yn ystod gwledd fawr, oedd y cogydd. Roedd yn rhaid iddo flasu bwyd y brenin cyn unrhyw un arall. Am ei waith, câi'r cig oedd dros ben yn y crochan, a saim a pherfedd yr anifeiliaid y byddai'n eu lladd a'u coginio!

Mae'n debyg mai llun gwas ystafell a llawforwyn yn cusanu ydy hwn!

Ymysg y swyddogion eraill roedd yna fardd teulu, meddyg a swyddog dal cannwyll.

Barnwr llys

Penteulu â'i deyrnwialen

Distain

Prif heliwr

Porthor â'i deyrnwialen

Ceidwad y porth â'i oriadau

Sut ydyn ni'n gwybod?
Gerallt Gymro, y storïwr gwych

Mae pobl sy'n ysgrifennu am hanes Cymru yn ystod y ddeuddegfed ganrif mor ffodus fod Gerallt Gymro wedi teithio o gwmpas y wlad yn 1188 ac wedi ysgrifennu llyfrau am y siwrnai a'r bobl roedd e wedi'u cyfarfod. Ond mae'n rhaid i ni fod yn ofalus wrth ddefnyddio disgrifiadau Gerallt achos roedd e'n hoffi gorliwio, yn enwedig pan oedd e'n ysgrifennu amdano'i hun a'i deulu!

Dyma rai o ddisgrifiadau Gerallt oedd wedi helpu'r awdures i ysgrifennu stori Nest:

Cerflun o Gerallt Gymro yn Neuadd y Ddinas, Caerdydd

Croeso Cymreig

Pan fydd ymwelwyr yn cyrraedd cartref Cymreig 'maen nhw'n rhoi eu harfau i'w cadw'n ddiogel ar unwaith. Yna cynigir dŵr iddyn nhw i'w yfed, ac os byddan nhw'n caniatáu i'w traed gael eu golchi, maen nhw'n cael eu derbyn yn westeion. Caiff y rhai sy'n cyrraedd yn y bore eu difyrru tan yr hwyr gan ferched ifanc yn sgwrsio ac yn canu offerynnau cerdd'.

Eogiaid yn neidio a chyryglau

Yn ymyl Aberteifi, sylwodd Gerallt ar 'yr afon ardderchog o'r enw Teifi, sy'n cynhyrchu mwy o eogiaid blasus na holl afonydd Cymru'.

Hen bortread o gyryglwyr Caerfyrddin c. 1890

Eog yn neidio. Daw hwn o lawysgrif yn dyddio o'r 13eg ganrif o hanes taith Gerallt Gymro yn Iwerddon.

Mae'n dweud hefyd, 'i bysgota mae ganddyn nhw gychod wedi'u gwneud o wiail, wedi'u gorchuddio ar y tu allan i gyd â chrwyn anifeiliaid. Mae'r pysgotwyr yn cario'r cychod hyn ar eu hysgwyddau'.

John Spang – croesan y llys

Yn llys yr Arglwydd Rhys roedd 'croesan, a oedd, trwy ei ddwli doniol a'i dafod ffraeth, yn difyrru'r llys yn fawr iawn'.

Yr hen ŵr o Bencader

Mae Gerallt Gymro yn adrodd hanes yr hen ŵr o Bencader a ddywedodd wrth y brenin Harri II na fyddai e byth, pa mor galed bynnag y byddai'n ymdrechu, yn gallu gorchyfgu'r Cymry yn llwyr. Dim ond Duw fyddai'n gallu dinistrio'r genedl a'r iaith Gymraeg meddai'r hen ŵr.

Wrth i'r Arglwydd Rhys a'i deulu deithio trwy Bencader, tybed a fydden nhw wedi clywed y stori hon?

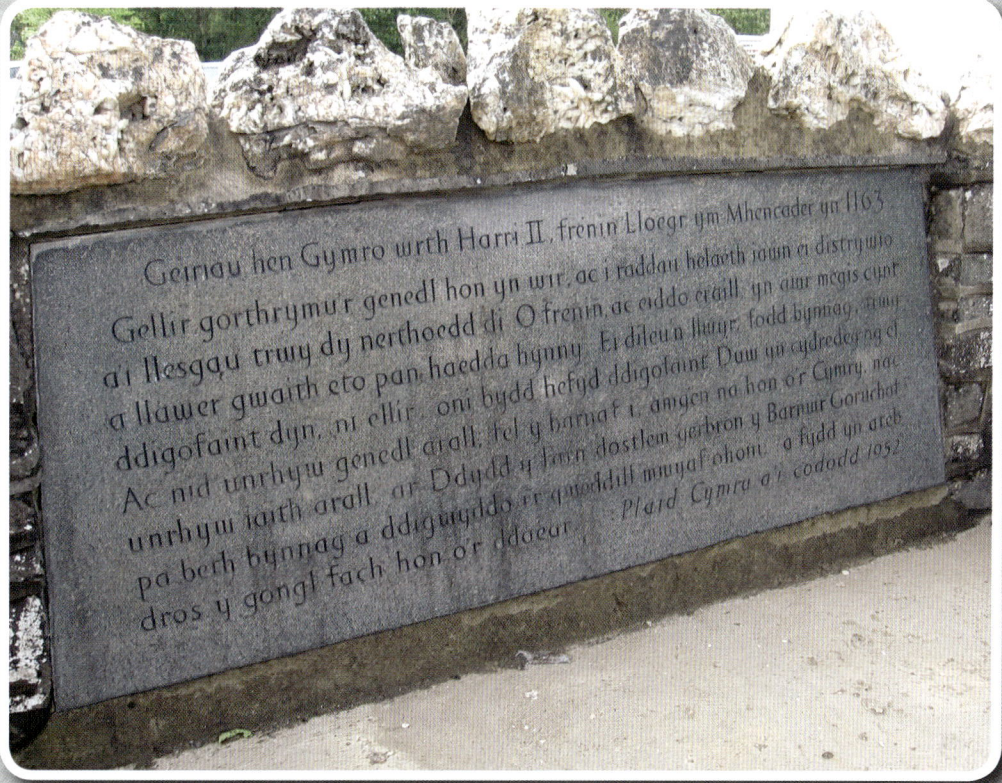

Cafodd geiriau'r hen ŵr eu gosod ar goflech ym Mhencader yn 1952

Offerynnau cerdd Cymru

'Maen nhw'n defnyddio tri offeryn: y delyn, y pibau a'r crwth.'

Ble oedden nhw'n byw?

Yn ystod yr Oesoedd Canol, roedd y math o dŷ y byddech chi'n byw ynddo, y math o ddillad y byddech chi'n eu gwisgo a'r math o fwyd y byddech chi'n ei fwyta yn dibynnu ar ba mor gyfoethog neu dlawd oeddech chi.

Roedd tywysogion ac arglwyddi, eu teuluoedd a'u gweision yn byw mewn cestyll. Roedd amrywiaeth o ystafelloedd mewn castell – neuadd fawr ar gyfer gwleddoedd a chroesawu gwesteion, cegin, capel ac ystafelloedd gwely. Pan fyddai'r teuluoedd cyfoethog hyn yn symud o gastell i gastell, bydden nhw'n cario'u dodrefn gyda nhw!

Tyfodd trefi o gwmpas y cestyll. Dyma lle roedd crefftwyr a masnachwyr yn byw. Daeth y Normaniaid â Saeson a Normaniaid eraill i fyw yn y trefi hyn achos doedden nhw ddim yn ymddiried yn y Cymry. Roedd rhai pobl o Fryste yn byw yn Aberteifi yn 1164 pan ymosododd yr Arglwydd Rhys ar y dref. Roedd y Cymry'n casáu'r bwrdeistrefi hyn am eu bod yn cael breintiau arbennig i brynu a gwerthu nwyddau.

Argraffiad yr arlunydd Chris Jones-Jenkins o gastell Dryslwyn

Olion fferm Graeanog yng Nghwynedd

Argraffiad yr arlunydd Roger Jones o fferm Graeanog

Allan yn y wlad, byddai'r uchelwyr yn byw mewn neuadd-dai wedi'u hadeiladu o bren ac wedi'u rhannu'n ddwy ran – y cyntedd a'r is-gyntedd. Byddai eraill yn byw ar ffermydd, fel yr un mae archaeolegwyr wedi'i darganfod yng Ngraeanog, Gwynedd, gyda thŷ fferm, ysgubor, stabl a beudy. Roedd sawl uchelwr yn byw ar fferm fechan, o'r enw hendre, yn y dyffryn yn ystod y gaeaf, ac yna'n symud yr anifeiliaid i fyny i'r bryniau dros yr haf; yno, bydden nhw'n byw mewn tai dros dro o'r enw hafod. Weithiau, byddai'r anifeiliaid yn byw o dan yr un to â'r teulu mewn tŷ hir Cymreig.

Hendre'r Ywydd Uchaf, tŷ hir Cymreig sydd i'w weld yn Amgueddfa Werin Cymru, Sain Ffagan

Pentref canoloesol Cosmeston

Mae archaeolegwyr wedi astudio ac ailadeiladu pentref coll o'r Oesoedd Canol ar faenor Normanaidd yn Cosmeston, Bro Morgannwg. Mae gan y tai doeon o wellt neu frwyn, ac mae'r waliau wedi'u plastro â chymysgedd o glai, tail/dom a phridd.

Mae Gerallt Gymro'n awgrymu, er hynny, bod mwyafrif y Cymry yn byw mewn bythynnod tlawd o ganghennau wedi'u plethu, ac na fydden nhw'n para mwy na blwyddyn. Yn anffodus, am fod y rhain wedi'u codi o bren a phridd, maen nhw wedi diflannu'n llwyr, a dydyn ni ddim yn gwybod a oedd Gerallt yn gywir ai peidio.

Beth oedden nhw'n ei wneud?
Gwaith, gwaith, gwaith

Roedd bywydau pobl yr Oesoedd Canol yn fyr ac yn galed iawn. Yn aml, bydden nhw'n gweithio o doriad gwawr tan y machlud, a hynny am dâl bychan iawn.

Hyd yn oed mewn castell canoloesol, gyda'i swyddogion pwysig, roedd llawer o bobl â swyddi diflas yno, e.e. y bêr-droellwr oedd yn troi'r cig dros dân agored, y dyn oedd yn glanhau'r carthion o'r ffos, a'r daliwr llygod a llygod mawr.

Gof

Byddai tref fel Aberteifi yn fwrlwm o grefftwyr gwahanol: seiri a seiri maen a oedd newydd orffen adeiladu'r castell carreg crand, gofaint, cryddion, pobyddion a llawer o rai eraill. Ar yr afon, byddai gwaith i bysgotwyr a dynion y cychod fferi.

Ond gweithiai mwyafrif y bobl ar y tir, yn magu gwartheg, defaid, geifr a moch, ac yn tyfu cnydau. Roedd rhai o'r rhain yn daeogion o waed Cymreig a oedd yn gorfod talu ffioedd i'w harglwydd trwy weithio iddo am ddim am ddyddiau penodol bob wythnos; am weddill eu hamser, bydden nhw'n ffermio eu tyddynnod bychain eu hunain. Ac ar waelod y pentwr, dyna lle roedd y caethion druain, heb unrhyw hawliau ac wedi'u clymu i'r tir ac i'w harglwydd.

Merched yn gweithio yn y cynhaeaf

Fel mae'r lluniau ar y tudalennau hyn yn ei ddangos, byddai merched yn gweithio yr un mor galed â dynion, nid yn unig fel gwragedd tŷ a mamau, ond hefyd trwy odro a gweithio yn y cynhaeaf. Bydden nhw'n nyddu ac yn gwau gwlanen, neu yn ennill arian trwy olchi neu wneud dillad. Roedd rhai merched yn pobi bara a rhai yn bragu cwrw.

Gwraig yn godro

Gwraig yn pobi

Roedd yn rhaid i blant mor ifanc â chwech oed weithio i helpu'u teuluoedd tlawd hefyd. Gallen nhw fod yn fugeiliaid, yn gyrru adar neu'n codi ofn ar frain, a bydden nhw'n aml yn helpu gyda'r godro neu yn y llaethdy, neu'n edrych ar ôl y gwyddau a'r ieir. Yn ogystal â hyn, roedd yn rhaid i blant hŷn edrych ar ôl eu brodyr a'u chwiorydd bach. Roedd hyn yn waith anodd iawn achos roedd cartref canoloesol yn llawn peryglon i blant bach – gallen nhw syrthio i'r tân agored neu dynnu crochan berwedig am eu pennau, neu gallai anifail ymosod arnyn nhw yn y cartref.

Plentyn yn gyrru adar domestig i bwll neu i borfa

Beth oedden nhw'n ei wisgo?

Mae'n anodd gwybod beth oedd pobl yn ei wisgo yn yr Oesoedd Canol. Mae gwlân, lliain a lledr yn pydru, a does dim llawer o ddarluniau na disgrifiadau i'n helpu ni. Ond dyma rai cliwiau:

Merched

Mae'r darlun hyfryd hwn yn dangos gwraig fonheddig yn gwisgo ar gyfer achlysur pwysig. Mae ei llawforwyn yn dal drych ac yn cribo'i gwallt hir.

Byddai merched cyfoethog fel yr Arglwyddes Gwenllian yn ceisio gwisgo'r ffasiynau diweddaraf. Yn ystod y ddeuddegfed ganrif, roedd y Croesgadwyr a oedd yn ymladd yn Jerwsalem yn dod â sidan a satin yn ôl gyda nhw o'r Dwyrain. Mae straeon enwog y Mabinogion yn disgrifio brenhines mewn 'gwisg sidan o liw aur disglair', ac mae Gerallt Gymro yn dweud bod merched yn 'gorchuddio'u pennau â lliain gwyn mawr wedi'i godi'n dorchau graddol'. Byddai merched yr Oesoedd Canol yn gwisgo dillad isaf o liain ond fydden nhw ddim yn gwisgo nicers.

Byddai tywysoges wedi gwisgo gŵn lliwgar, hir, llac o sidan neu satin, wedi'i glymu â gwregys am ei chanol. Byddai'r llewys yn hir ac wedi'u haddurno â ffwr neu frodwaith. Os oedd hi'n briod, byddai ei gwallt yn blethen hir, wedi'i orchuddio â gwempl. Darn o liain wedi'i ddal yn ei le â band pen neu goron oedd gwempl.

Yn ôl y Cyfreithiau Cymreig, roedd llawforwyn fel Nest i gael 'hen ddillad y frenhines, ei hen grysau, a'i hen lieiniau, ei hen hancesi a'i hen esgidiau'. Yn eu tro, câi'r dillad hyn eu rhoi i forynion cyffredin y llys, yna i'r tlawd, ac yn y pen draw bydden nhw'n garpiau. Roedd pobl yr Oesoedd Canol yn wych am ailgylchu dillad. Dyma un rheswm pam nad ydyn ni'n gwybod llawer am yr hyn roedden nhw'n ei wisgo.

Dynion

Ond, yn ôl Gerallt, dim ond 'mantell denau a chrys, gyda'i goesau a'i draed yn noeth' oedd y dyn cyffredin neu filwr yn ei wisgo.

Mae'r llun hwn yn dangos brenin Cymreig yn gwisgo tiwnig hir, gydag addurn am ei wddf a chlogyn i'w gadw'n gynnes. Mae'n ymddangos bod ei esgidiau o ledr ysgafn.

Dyma lun o filwr Cymreig, sy'n profi geiriau Gerallt. Mae esgid am un o draed y milwr, ond mae'r llall yn noeth i'w helpu i sefyll yn gadarn i saethu gyda'i fwa a saeth.

Broetsh o'r 13eg ganrif, o gastell Cydweli

Esgid plentyn o'r Oesoedd Canol

Beth oedden nhw'n ei fwyta?

Roedd gwledd ganoloesol fawr, fel yr un a gafodd ei chynnal yng nghastell Aberteifi yn 1176, yn achlysur arbennig iawn. Dydyn ni ddim yn gwybod beth yn union fyddai wedi cael ei fwyta ynddi, ond byddai yna sawl cwrs, fel y rhain:

1. Cawl gwenith.

2. Cwrs cig o gwningen, porc, cig dafad a chig eidion. Erbyn canol gaeaf, byddai'r rhan fwyaf o'r anifeiliaid wedi cael eu lladd a'r cig wedi'i gadw trwy ei halltu neu ei fygu. Câi bwyd môr fel mecryll, sgadan (penwaig), eogiaid, crancod a wystrys i gyd eu bwyta yn eu tymor.

3. Cwrs adar. Wrth gloddio ger Llantrithyd ym Mro Morgannwg, cafodd archaeolegwyr hyd i 17 math gwahanol o adar o'r ddeuddegfed ganrif. Roedd ieir, hwyaid, petris a chrychyddion yno, ac rydyn ni'n gwybod bod elyrch, peunod, gwyddau a drudwyod yn boblogaidd hefyd. Bydden nhw'n cadw colomennod mewn colomendai i gael cig ffres yn ystod y gaeaf.

4. Pasteiod, fflaniau a jelis.

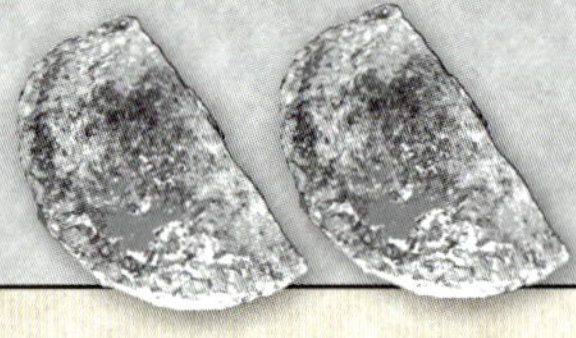

Roedd gwinoedd o Ffrainc, medd (o fêl) a chwrw ymhlith eu hoff ddiodydd.

Costrel i gario gwin neu ddiod arall. Teithwyr fyddai'n ei defnyddio fel arfer, gan ei hongian dros eu hysgwydd neu oddi wrth wregys.

Ystên yn dyddio o tua 1220 oedd wedi'i fewnforio i gastell Llwchwr

Yn y darlun hwn fe welwch bêr-droellwr ifanc mewn cegin castell yn troi bêr i goginio'r cig ar bob ochr. Mae'n ymddangos bod y gwas arall yn codi braster dros y cig. Ar dân arall, mae crochan yn berwi.

Bwced pren

Ar ddyddiau cyffredin, yn ôl Gerallt Gymro, byddai'r bwyd yn llawer symlach. Meddai, 'Nid oes amrywiaeth o fwydydd mewn cegin [Gymreig]. Mae bron pawb yn bwyta anifeiliaid a cheirch, llaeth, caws a menyn. Maen nhw'n rhoi'r holl fwyd o flaen y ciniawyr mewn dysglau llydan a dwfn. Weithiau, hefyd, maen nhw'n rhoi'r bwydydd ar dorthau tenau, llydan sy'n cael eu pobi bob dydd'.

Byddai gweddillion unrhyw wledd a'r platiau bara yn cael eu rhannu i'r tlodion.

I wneud jeli cig

Cymerwch gwningen a'i blingo a sgaldiwch fochyn. Torrwch nhw yn ddarnau mân. Sgaldiwch gywion ieir a'u berwi mewn gwin coch a rhowch nhw ar liain glân. Rhowch y gwningen a'r mochyn mewn dysgl. Ychwanegwch y cywion ieir wedi'u torri'n fân. Rhowch y ddysgl mewn lle oer i setio. Aildwymwch yr hylif, gan gofio sgimio'r braster i ffwrdd. Cymerwch draed llo wedi'u sgaldio'n dda, berwch nhw mewn isgell nes eu bod yn feddal. Sgimiwch yn dda a blasu yn ôl eich dewis.

Cogydd yn lladd iâr

Sut oedden nhw'n dathlu?

Yn ystod yr Oesoedd Canol, roedd y Cymry yn dilyn y ffydd Gristnogol ac yn dathlu'r tair gŵyl Gristnogol fawr: y Nadolig, y Pasg a'r Sulgwyn. Roedden nhw hefyd yn dathlu Gŵyl Ifan ganol haf a Gŵyl San Mihangel ar Galan Gaeaf. Ar ddyddiau gŵyl, bydden nhw'n mynychu'r eglwys ac yna'n dathlu gyda gwledd fawr. Pan oedd gwesteion yn cyrraedd castell, roedden nhw'n cael eu gwahodd i dynnu eu harfau a golchi'u traed. Yna bydden nhw'n cael eu tywys i'w seddau wrth fwrdd yn y neuadd fawr.

Argraffiad yr arlunydd Ivan Lapper o du mewn tŵr y capel yng nghastell Cydweli

Eglwys Gadeiriol Tyddewi

Byddai'r gwesteiwr yn gwneud yn siŵr fod yna adloniant i bawb. Byddai sawl cerddor, jyglwr, clown, croesan ac acrobat yn bresennol. Mae Gerallt Gymro yn dweud mai enw croesan yr Arglwydd Rhys oedd John Spang, a bod y Cymry'n hoffi jôc dda.

Roedd croeso arbennig i feirdd. Dyma ddisgrifiad bywiog un bardd, Llywelyn Goch ap Meurig Hen, wrth ymweld â chartref ei neiaint:

'Clybod (clywed) yn ôl Nadolig
Dyrnodau cogau mewn cig (cogyddion yn torri cig),
…
Cytgerdd crwth chwimwth a chod (bagbibau),
… a chwerthin,
A galw y gwŷr i gael gwin.'

Y porth Normanaidd yn Eglwys Padarn Sant, Llanbadarn Fawr, Ceredigion

Fel y gwelwn ni yn y stori, roedd Gwynfardd Brycheiniog a Seisyll Bryffwrch yn ddau o feirdd pwysicaf yr Arglwydd Rhys. Roedden nhw'n ei ganmol am fod yn ddewr a hael, ond yn aml byddai'r geiriau roedden nhw'n eu defnyddio yn hir a chymhleth. Dyma ddwy linell gan Gwynfardd:

'Cymhenddraig, pen-aig yn penaethu,
Cymhennaf pennaeth yr wnaeth Iesu.'

neu, mewn Cymraeg syml!:

'Arweinydd da, yn arwain fel pennaeth y llwyth,
Yr arweinydd gorau mae'r Iesu wedi'i wneud.'

Efallai bod y cerddi hyn yn haws eu deall pan oedden nhw'n cael eu canu i gyfeiliant y delyn!

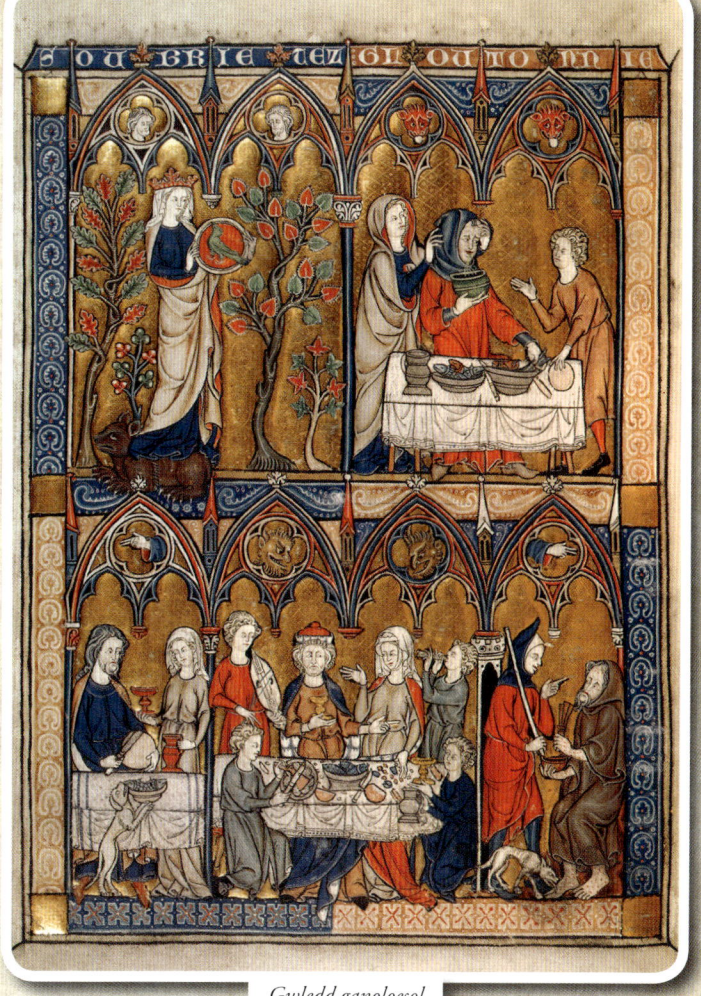

Gwledd ganoloesol

Dydy hi ddim yn syndod fod y straeon Cymraeg mwyaf enwog, sef chwedlau gwych y Mabinogion, mor boblogaidd yn ystod gwyliau o'r fath. Byddai'r storïwr, neu'r cyfarwydd, yn sefyll ar y llwyfan ac yn adrodd ei chwedlau cyffrous o'i gof. Yn chwedl hardd Branwen, caiff y dywysoges ei charcharu gan ei gŵr mewn castell yn Iwerddon. Mae ei brawd, y cawr Bendigeidfran, yn penderfynu ceisio'i hachub, ond dydy ei fyddin ddim yn gallu croesi afon Liffey. Felly, mae e'n gorwedd ar draws yr afon ac mae'r fyddin yn croesi'n ddiogel i'r ochr arall trwy gerdded ar hyd ei gorff. Dyma ddywedodd Bendigeidfran, 'A fo ben, bid bont' (Os ydy rhywun am fod yn bennaeth, rhaid iddo fod yn bont [i'w bobl] hefyd).

Bendigeidfran yn bont i'w filwyr

Sut fywyd oedd plant a phobl ifanc yn ei gael yng Nghymru yn yr Oesoedd Canol?

I blentyn, roedd popeth yn dibynnu ar p'run ai oeddech chi o deulu cyfoethog neu dlawd, a ph'run ai oeddech chi'n fachgen neu'n ferch. Byddai bachgen o gartref Cymreig cyfoethog yn mynychu ysgol i ddysgu'r 24 camp. Roedd y rhain yn cynnwys campau corfforol fel rhedeg, reslo a hela, a sgiliau meddyliol fel darllen, ysgrifennu barddoniaeth a chanu'r delyn. Byddai bechgyn ifanc yn cadw'n ffit trwy redeg i fyny mynyddoedd a thrwy goedwigoedd. Byddai'r hyfforddiant hwn yn eu paratoi i fod yn filwyr cryf ac yn arweinwyr ar eu pobl.

Doedd merched ifanc ddim yn mynd i'r ysgol ond roedd disgwyl iddyn nhw ddysgu sut i wnïo, canu'r delyn a chroesawu gwesteion. Bydden nhw'n chwarae gêmau fel mwgwd y dall a chnau mewn llaw hefyd. Yn y gêm cnau mewn llaw, byddai cariad yn anfon llond llaw o gnau at ei gariadferch, ac os oedd yno odrif (3,5,7,9 …), roedd hynny'n golygu ei fod e'n dal i'w charu hi. Rhaid i ni gofio bod merched deuddeg oed yn cael eu hystyried yn ddigon hen i briodi bryd hynny. Gan amlaf, câi'r gŵr ei ddewis gan dad y ferch.

Dynion ifanc yn reslo

Yn y darlun hwn, mae dau lanc ifanc yn ymarfer ymladd â chwinten

Merched yn chwarae mwgwd y dall

Mewn cartrefi cyffredin, fel rydyn ni wedi gweld yn barod, byddai plant bach yn mynd allan i weithio yn chwech oed (tud. 19) a doedden nhw ddim yn mynd i'r ysgol o gwbl. Ond pan fydden nhw'n hŷn, bydden nhw'n aml yn mwynhau sbort creulon fel ymladd ceiliogod a baetio eirth neu foch daear.

Byddai gan blant bach deganau fel bwa a saeth bach, doliau, peli a cheffylau pren.

Chwarae â cheffylau pren

Darnau gwyddbwyll: darn asgwrn o gastell Ynysgynwraidd (chwith) a darn ifori o gastell Caerllion (de)

Sut gewch chi ragor o wybodaeth?
Yr Oesoedd Canol yn eich ardal chi

Gydag olion dros 470 o gestyll pridd a charreg yng Nghymru, mae'n debyg fod castell i'w gael yn agos at ble rydych chi'n byw. Efallai mai'r Normaniaid oedd wedi ei adeiladu. Mae rhai o'r cestyll hyn, e.e. Cydweli, Rhuddlan a Chas-gwent, yn geyrydd carreg enfawr; mae eraill, fel Llwchwr, Fflint a Chastellnewydd Emlyn yn llai, ond mae eu hanes yr un mor ddiddorol. Weithiau, dim ond y domen bridd, gyda glaswellt drosti, sydd ar ôl o'r mwnt canoloesol. Mae'r rhain yn haws eu hadnabod o'r awyr nag ar y ddaear.

Castell Rhuddlan

Argraffiad yr arlunydd Geraint Derbyshire o gastell tomen a beili Cydweli

Gweddillion tomen a ffos castell Normanaidd Stradpeithyll, Ceredigion. Mae sôn amdano yn Brut y Tywysogion. Yn 1116, ymosododd Gruffudd ap Rhys, tad yr Arlgwydd Rhys, ar y castell yma. Lladdodd y milwyr Normanaidd, eu gwragedd a'u plant, fel nad oedd neb ar ôl yn fyw.

Castell Conwy

Fel rydyn ni wedi gweld, copïodd y tywysogion Cymreig y cestyll Normanaidd i'w helpu i amddiffyn eu tiroedd rhag y concwerwyr. Mae Dolwyddelan, Cricieth a Dolforwyn yn enghreifftiau da o gestyll brodorol Cymreig. Ond y ceyrydd trawiadol a gododd y Brenin Edward I yn Harlech, Conwy, Caernarfon a Biwmares ydy'r rhai sy'n enwog ledled y byd. Ar ôl i Lywelyn ein Llyw Olaf farw yn 1282, roedd ar Edward eisiau cadw llygad ar y Cymry gwrthryfelgar o'i gestyll enfawr. Mae'r cestyll hyn a muriau'r trefi o'u hamgylch yn Safleoedd Treftadaeth y Byd UNESCO.

Mae'n bosibl ymweld â llawer o'r cestyll hyn i edmygu eu pensaernïaeth ac i ddysgu mwy am Gymru yn yr Oesoedd Canol.

Mae olion adeiladau eraill o'r Oesoedd Canol i'w gweld yng Nghymru hefyd. Edrychwch ar adfeilion y mynachlogydd hardd yn Nhyndyrn, Ystrad-fflur a Glynegwestl. Cawson nhw eu codi i gartrefu mynaich oedd eisiau troi eu cefnau ar ryfela a bywyd y castell.

Abaty Tyndyrn

Abaty Ystrad-fflur

Abaty Glynegwestl

Cafodd rhai o'n heglwysi hŷn eu codi yn yr Oesoedd Canol hefyd, ac mae eu tyrau carreg sgwâr, cryf yn ein hatgoffa o gestyll y Normaniaid.

Efallai eich bod yn ddigon ffodus i fyw yn ymyl un o'r ychydig dai canoloesol sydd wedi goroesi'r canrifoedd.

Penarth Fawr yng Ngwynedd. Neuadd-dŷ ydy hwn, lle bydden nhw, o tua 1450 ymlaen, wedi cynnal gwleddoedd i ddathlu'r Nadolig.

Eglwys Padarn Sant, Llanbadarn Fawr, Ceredigion gyda'i thŵr sgwâr

Ble gewch chi ragor o wybodaeth?
Rhagor o olion yr Oesoedd Canol yng Nghymru

Fel rydyn ni wedi gweld, mae'n anodd iawn dod o hyd i dystiolaeth am sut oedd pobl gyffredin yn byw yng Nghymru'r Oesoedd Canol. I weld cartref o'r fath, gallech chi fynd i weld Hendre'r Ywydd Uchaf yn Amgueddfa Werin Cymru, Sain Ffagan. Tŷ hir ydy hwn, lle roedd y teulu yn byw yn y pen uchaf a'u hanifeiliaid yn y pen isaf. Cafodd ei symud o ogledd Cymru i'r amgueddfa am ei fod yn adeilad mor brin a phwysig.

Tu mewn i Hendre'r Ywydd Uchaf yn Amgueddfa Werin Cymru, Sain Ffagan

Saer coed yn Cosmeston

Fodd bynnag, yn Cosmeston ym Mro Morgannwg, maen nhw wedi ailadeiladu pentref bychan ar safle pentref Normanaidd a oedd wedi diflannu. Gallwch grwydro trwy'r ffermdy, gyda'i feudy ar wahân, a'r popty, a chwrdd efallai â thywysydd, wedi'i wisgo mewn dillad canoloesol, fydd yn gallu dweud llawer wrthych am waith, crefftau a bwyd yn yr Oesoedd Canol.

Yn Rhosili, ym Mhenrhyn Gŵyr, gallwch weld hen gaeau canoloesol sy'n dangos sut oedd gwerinwyr Normanaidd yn ffermio'r tir mewn stribedi hir.

Gŵr a gwraig ym mhentref canoloesol Cosmeston

Stribedi hir yn dyddio o'r Oesoedd Canol yn Rhosili, Penrhyn Gŵyr

Enwau lleoedd

Mae'n bosibl olrhain llawer o'n henwau lleoedd yn ôl i'r Oesoedd Canol. Efallai bod ffermydd â'r enw hendre (cartref dros y gaeaf) neu hafod (cartref dros yr haf) yn dyddio'n ôl i'r cyfnod hwn. Yn ne Cymru, ceir pentrefi â'u henwau'n gorffen gyda '-ton', sy'n golygu fferm, pentref neu dref. Y Normaniaid sefydlodd y rhain. Chwiliwch am leoedd fel Bonvilston (fferm Simon de Bonville – Tresimwn yn y Gymraeg), Letterston (fferm Letard – Treletert yn y Gymraeg) ac Ilston (fferm Illtud – Llanilltud yn y Gymraeg).

Cerfluniau a phlaciau

Mae cerfluniau a phlaciau i gofio arwyr ac arwresau canoloesol i'w gweld ledled Cymru hefyd. Yn Llanymddyfri, mae yna gerflun dur gwrthstaen trawiadol iawn i'r arwr lleol, Llywelyn ap Gruffudd Fychan, ac yng Nghydweli fe welwch chi garreg i goffáu'r Dywysoges Gwenllian, mam yr Arglwydd Rhys.

Yr Eisteddfod

Y cerflun dur gwrthstaen o Lywelyn ap Gruffudd Fychan yn Llanymddyfri

Ysgythriad gan yr arlunydd Ifor Davies i ddathlu wythcanmlwyddiant Eisteddfod Aberteifi yn 1976

Yn sicr, datblygiad yr eisteddfod ei hun ydy un o effeithiau pwysicaf 1176. Erbyn heddiw, mae yna eisteddfodau yn cael eu cynnal ledled Cymru – eisteddfodau pentref a lleol, Eisteddfod Gerddorol Ryngwladol Llangollen, Eisteddfod Genedlaethol Urdd Gobaith Cymru, Gŵyl Cerdd Dant Cymru ac, wrth gwrs, Eisteddfod Genedlaethol Cymru.

Mae cystadlaethau cerddoriaeth a barddoniaeth yn dal yn bwysig iawn yn y rhain, ac yn aml mae'r buddugol yn ennill cadair.

Seremoni Cadeirio yn yr Eisteddfod Genedlaethol

Meddyliwch – mae'n debyg fod yr hen draddodiad hwn yn dyddio'n ôl i ŵyl fawr Nadolig 1176 yr Arglwydd Rhys!

Cystadlu ar y delyn yn yr Ŵyl Cerdd Dant

Darllenwch ragor am yr Oesoedd Canol

- Mae gan Cadw lyfrynnau am y prif gestyll, rhai ohonynt yn ddwyieithog
- *Cymru yn yr Oesoedd Canol*, Cyfres *Darganfod Hanes Cymru*, Cyf. 2, Catrin Stevens, Gwasg Prifysgol Rhydychen, 1992

Gwefannau

http://www.ngfl-cymru.org.uk/cym/castles_of_wales
www.castlewales.com
www.cadw.wales.gov.uk
www.eisteddfod.org.uk
www.100welshheroes.com
www.amgueddfacymru.ac.uk
www.gtj.org.uk/cy (sef gwefan Casglu'r Tlysau)

Geirfa:

tt. 4-5

bileiniaid: mwy nag un **bilain**: gweithiwr oedd yn gorfod gwneud gwaith a gwasanaethu ei arglwydd fel tâl am y tir roedd yn ei ffermio

clytwaith: darnau o ddefnydd o liwiau neu batrymau gwahanol wedi'u gwnïo at ei gilydd i wneud blanced neu gwilt lliwgar

Groesgad: o **Croesgad**: yn ystod yr Oesoedd Canol, bu Cristnogion (oedd yn cael eu galw'n Groesgadwyr) yn ymladd yn ffyrnig yn erbyn Moslemiaid i geisio ennill a rheoli dinas sanctaidd Jerwsalem yn y Dwyrain Agos

maenorau: mwy nag un **maenor**: darn o dir oedd yn eiddo i arglwydd Normanaidd; byddai e a'i denantiaid yn ffermio'r tir

traean: un rhan o dair, e.e. 3 allan o 9

ysbeilio'u bwrdeistrefi: ymosod ar y trefi Normanaidd a dwyn eu heiddo

tt. 6-7

gwystl: person sy wedi cael ei roi i neu ei ddal gan ei elyn a'i garcharu er mwyn gwneud yn siŵr fod ei deulu yn cadw at addewidion arbennig

tt. 8-9

crwth: hen offeryn cerddorol â chwe llinyn oedd yn cael ei ganu gyda bwa neu gyda'r bysedd, yn debyg i ffidil

crythor/crythorion: enw'r person neu'r bobl oedd yn canu'r crwth

tt. 12-3

llawforwyn: morwyn arbennig oedd yn gofalu am gysur brenhines neu arglwyddes mewn llys brenhinol

tt. 14-5

croesan y llys: person oedd yn cael ei dalu i wneud i bobl chwerthin ac i wneud triciau yn llys y brenin; ffŵl llys

tt. 16-7

masnachwyr: mwy nag un **masnachwr**: person yn gwerthu a phrynu nwyddau

tt. 18-9

bêr-droellwr: câi plant eu cyflogi yn aml i droi'r bêr, sef offer cegin i droi cig oedd yn coginio wrth y tân, ac felly roedden nhw'n cael eu galw yn bêr-droellwyr

bragu cwrw: gwneud cwrw

daeogion: o **taeogion**: mwy nag un **taeog**: gweithiwr amaethyddol oedd yn gorfod gweithio ar dir ei arglwydd

tt. 20-1

tiwnig: gwisg hir heb lewys yn cyrraedd i lawr at y pennau gliniau

tt. 22-3

blingo: tynnu croen anifail i ffwrdd

sgaldiwch: o **sgaldio**: rhoi rhywbeth mewn dŵr berwedig am gyfnod byr

wystrys: math o greadur â chragen sy'n byw yn y môr ac sy'n cael ei bysgota ar gyfer ei gig a'i berlau

ystên: jŵg dal i ddal gwin, dŵr neu laeth

tt. 24-5

neiaint: mwy nag un **nai**: mab brawd neu chwaer rhywun

tt. 26-7

chwinten: o **cwinten**: darn o offer i helpu bechgyn ifanc i ddysgu ymladd â'i gilydd ar gefn ceffylau mewn twrnameintiau. Câi polyn ei godi gyda darn o bren ar draws y top. O'r pren byddai bag o dywod yn cael ei hongian. Ceisiai'r bechgyn ifanc fwrw'r bag yn galed, ac yna bydden nhw'n dysgu symud yn gyflym cyn i'r bag droi a'u bwrw yn eu cefnau ac oddi ar eu ceffylau.

tt. 28-9

mwnt: twmpath o bridd, lle byddai castell yn sefyll. Gair arall am mwnt ydy tomen.

tt. 30-31

gwerinwyr: mwy nag un **gwerinwr**: rhywun cyffredin sy'n byw yn y wlad

olrhain: darganfod lle dechreuodd rhywbeth